NOTICE BIOGRAPHIQUE

SUR

M. LÉON ALÈGRE

PAR

L'ABBÉ DELACROIX,

membre non-résidant de l'Académie de Nîmes.

NIMES

IMPRIMERIE CLAVEL ET CHASTANIER

F. CHASTANIER, SUCCESSEUR

12 — RUE PRADIER — 12

—

1887

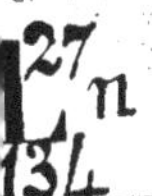

NOTICE BIOGRAPHIQUE

SUR

M. LÉON ALÈGRE

PAR

L'ABBÉ DELACROIX,

membre non-résidant de l'Académie de Nimes.

NIMES

IMPRIMERIE CLAVEL ET CHASTANIER

F. CHASTANIER, SUCCESSEUR

12 — RUE PRADIER — 12

—

1887

NOTICE BIOGRAPHIQUE

SUR

M. LÉON ALÈGRE

Messieurs,

Voilà près de vingt ans que vous voulez bien me compter parmi vos confrères. Je m'en suis toujours fort honoré ; mais ayant attendu jusqu'à aujourd'hui pour faire acte d'académicien, je ne crois devoir qu'à un sentiment d'indulgence pareil à celui qui m'a valu ce titre, d'avoir pu le porter avec un tel sans gêne. Aussi hésitai-je quelque peu à vous demander la parole, ayant, à mes propres yeux, perdu presque tout droit à cette faveur. Combien celui dont j'ai brigué l'honneur de faire l'éloge ici se montra plus fidèle à remplir ses devoirs académiques ! Votre compagnie lui en sut gré ; les autres sociétés savantes, en grand nombre, dont il fit partie, lui rendirent ce témoignage qu'il n'était pas un membre inutile ; et quand la mort vint le leur ravir, ce fut, de leur part, un concert d'éloges et de regrets auquel vous vous êtes mêlés par la voix de votre président. Toutefois l'hommage de l'Académie vous a paru devoir gagner à recevoir la forme de la notice que je

vous apporte, et pour laquelle je réclame votre bien-
veillante attention. Puissè-je faire revivre un instant
devant vous notre confrère, avec ce je ne sais quoi
d'intelligent, d'ouvert, de sympathique qui répondait
de son esprit et de son cœur.

Léon Alègre naquit à Bagnols-sur-Cèze le 14 décem-
bre 1813, d'une famille honorable, où l'on était teinturier de père en fils, selon l'usage un peu démodé du bon
vieux temps. Cette industrie florissait alors à Bagnols.
La rue du Ruisseau était pavoisée, dans toute sa lon-
gueur, des étoffes aux couleurs variées et voyantes,
sorties des ateliers d'Alègre et consorts ; et celui qui
écrit ces lignes se rappelle avoir vu le futur « peintre
d'histoire », en ce temps là tout bonnement teinturier,
aller et venir sous ces banderoles flottantes, les bras
nus, les mains noires, joyeux propos aux lèvres à
l'adresse des voisins... et surtout des voisines ; heureux, du moins au dehors, de n'être que le successeur
éventuel de son père. Sa profession ne lui paraissait
point d'ailleurs absolument incompatible avec le culte
des beaux-arts, dont les premiers feux brillaient dans
son âme. Cette flamme ne lui avait-elle pas été trans-
mise par les siens ? Son grand père avait ébauché une
collection artistique avec des tableaux arrachés aux
buchers de la Terreur ; et son père avait essayé, avec
plus de bonne volonté que de succès, il est vrai,
d'échanger le baquet de teinturier contre la palette du
peintre.

Léon Alègre fut mis de bonne heure au collège de
Bagnols. Cet établissement d'instruction secondaire
jouissait d'un certain renom depuis les Joséphites, qui
en avaient été les premiers maîtres avant la Révolution.
Fermé après les ordonnances de 1828, le collège de
Bagnols dut céder à celui de Montélimar le jeune élève
qui paraissait devoir lui faire honneur. Mais on comp-
tait sans le père du petit Léon, lequel ne faisait point

de rêves fantastiques à l'endroit de notre écolier, ne visant pas, pour son fils, à une éducation bien supérieure à la sienne. Nos pères avaient de ces erreurs qui partaient d'un bon naturel.

Notre confrère, grand amateur du progrès et qui, si besoin en eût été, aurait inventé l'instruction obligatoire, déplorera plus tard de n'avoir pas été conduit au-delà de la quatrième, et de ne pouvoir ainsi donner à sa pensée cette forme attique dont il sentait le prix, Messieurs, et qu'il vous enviait.

1830 trouva le lauréat du collège de Montélimar en apprentissage chez le teinturier de la rue du Ruisseau. Mais c'était là, convenons-en, un apprenti d'un genre un peu particulier. Les aspirations artistiques et littéraires, qui devaient être le charme et l'honneur de sa vie, n'étaient un mystère pour personne ; et elles lui donnaient, sur ses camarades, une supériorité, un empire qui, ayant grandi, ferait un jour de lui, sous certains rapports, l'homme de son pays natal. Ne rêvait-il pas, dès lors, bibliothèque et musée ? Il avait des tableaux légués par son grand-père ; pour avoir des livres, il se fit iconoclaste, ébréchant sa collection au profit d'un brocanteur lyonnais. Pour la modique somme de cinquante francs, destinée à former le premier rayon d'une bibliothèque, Léon céda, non sans trouble, à ce juif, une vierge fond d'or, sur panneau (style Cimabuë) ; une sainte Ursule, ayant appartenu aux Ursulines de Bagnols ; un coffret florentin, à figures en relief, mastic et or, etc., etc... Vous comprenez sans peine, Messieurs, que le collectionneur de l'avenir, qui remuera terre et ciel en faveur de son musée, ne se consola pas aisément de cette erreur de jeunesse. Alègre revenait souvent là dessus en des termes d'une verdeur réjouissante.

La musique aussi devait attirer de bonne heure une organisation rare qui allait s'élever à tout, dans le domaine du beau et du bien. Oh ! par exemple, les débuts de cet admirateur de Beethoven et de Rossini n'eurent rien de bien brillant. Les *Glorieuses* de juillet, comme il dit lui-même dans un essai d'autobiographie, en firent tout bonnement « le cymbalier de la garde nationale de Bagnols. » Mis en goût par ce premier succès, qui ne fut peut-être pas celui qui le recommanda le moins à la majorité de ses concitoyens, Léon Alègre étudia la musique comme tout le reste ; et s'il ne prétendit ni à la gloire du compositeur, ni à celle du virtuose, il parvint à se faire entendre avec un certain succès sur le violoncelle et la harpe ; il conduisit des orchestres de salon ; et même il se hasarda à diriger l'exécution de certaines messes des maîtres, battant la mesure, donnant quelques notes, chantant au besoin d'une voix dont la grâce n'égalait pas l'ampleur.

Mais Bagnols ne devait pas longtemps suffire à Léon Alègre. Son regard se tournait vers Paris avec une convoitise ardente ; et quel Bagnolais n'empêchaient alors de dormir les lauriers des Rivarol, des Teste, des Magalon ? En 1835, époque à laquelle Léon Alègre débarqua à Paris, léger d'argent, nous dit-il, gros d'espérances, Magalon avait réussi à se faire un nom dans la presse. Les amendes et les prisons que lui avait values le journal *l'Album*, qu'il rédigeait avec Béranger et Delavigne et qu'illustraient Charlet et Prud'hon, lui avaient même fait une petite célébrité parisienne et boulevardière, dirait-on aujourd'hui. Magalon accueillit avec empressement son jeune compatriote, et le mit en rapport avec le professeur des enfants de Louis-Philippe, M. Victor Duruy, qui ne le perdit plus de vue. Le futur ministre et, dit-on, collaborateur littéraire de Napoléon III, voyant le jeune bagnolais décidé à entreprendre une excursion de touriste, lui conseilla la lecture des ouvrages de M. de Caumont. C'est dans cette lecture des *Antiquités monumentales* du savant archéologue qu'il prit lui-même le goût d'une science, alors mise à la mode par les Victor Hugo et les Montalembert. Lesté de ces premières notions archéologiques, Alègre partit, sac au dos, pour la Normandie, dessinant paysages et ruines, celles de l'abbaye de Jumièges, entre autres ; et, pour charmer sa route, chantant, dit-il, la fameuse romance de Frédéric Bérat : *Je vais revoir ma Normandie*.

Avoir devant soi la patrie de Walter-Scott, et s'en retourner à Bagnols sans mettre le pied sur ces rivages, alors si grandement célébrés par l'auteur d'*Ivanhoë* et de *Lucie de Lammermoor* : le *félibre* de l'avenir ne le pouvait pas. L'argent manque, sans doute ; mais, pour vivre, on se fera portraitiste. Le premier anglais qui posa devant le peintre improvisé fut Scherville, avec qui Léon Alègre avait fait la traversée, et qui venait de publier son *Ascension au Mont-Blanc*, chez Chamerot. Chacune de ces miniatures lui était payée un *Souverain d'or*. Le musée de Bagnols ne donnerait pas pour ce prix un portrait d'Alègre par lui-même, du même temps et du même genre. Rien de plus frais et de plus vivant que cette fantaisie représentant le touriste de Normandie et d'Angleterre, grand garçon de vingt ans, sac au dos avec riflard en travers ; longue blouse grise, serrée à la taille ; teint bronzé ; grands yeux noirs, ouverts, doux et malins ; cheveux courts ; moustache et barbiche ; fortes lèvres, encore tout à la gaité et au rire.

Les bons parents d'Alègre prirent peur. Léon leur parut tourner à l'enfant prodigue. Vite de le rappeler et de l'atteler de nouveau à leur humble métier, moins décevant que la peinture.

Mais le pli était pris. Notre jeune bohème, pour si docilement qu'il trempât dans la teinture ses mains devenues plus fines, était possédé de la nostalgie de la vie artistique. Aussi bien, ses talents, ses voyages, assez aventureux pour l'époque, l'avaient mis à la mode. La société bagnolaise et celle des environs se le disputaient dans ses heures de loisirs. Fort gai compagnon, il fut le boute-en-train et l'impresario de toutes les fêtes. Sous sa direction on alla jusqu'à se risquer à jouer comédies et opéras. C'est ainsi que *Les deux mousquetaires* de Justin Gensoul, un quasi-bagnolais, que les salons parisiens avaient pris au sérieux, furent arrangés par Léon Alègre, paroles et musique, et exécutés aux applaudissements de la société bagnolaise. « La prétention n'y eut aucune part, » écrit Alègre. On voulut tout simplement amuser ses concitoyens, comme on cherchera plus tard à les instruire.

Ces qualités brillantes, que rehaussaient des goûts sérieux, un vrai culte pour les siens, un respect absolu des choses religieuses, faisaient de Léon Alègre un parti recherché. Il se maria donc en 1837 ; et j'aime à le voir écrire, de longues années après, que « cette union a été bénie, » et a contribué à l'attacher à Bagnols.

C'est alors qu'il ouvrit une classe de dessin au collége de cette ville. Elle n'a pas duré moins de quarante ans. De bons élèves en sortirent. Certains y prirent le goût des beaux-arts où ils se sont distingués depuis. D'autres l'ont traversée tout simplement. Je fus du nombre ; et je n'en ai que plus le devoir, par ces lignes, de dédommager aujourd'hui le maître du peu d'honneur que je lui fis alors. Notre regretté confrère, M. Deloche, voulant rendre hommage à la bonne tenue de la classe en question, offrit la chaire du lycée de Montpellier à Léon Alègre. Il refusa par une lettre touchante, dans laquelle il disait qu'il ne pouvait quitter ses deux familles : celle de « ses vieux parents », et la famille que lui formaient au collège « les enfants » de ses « anciens amis. » C'est que si Léon Alègre fut plus tard un peintre discutable, faute d'études premières et de milieu,

disons qu'il était dès lors un dessinateur très distingué.
Le paysage n'avait pas de secret pour lui, du moins ce
paysage qu'un fin crayon esquisse d'un trait sur un
album de voyage, dans un lever ou un coucher de
soleil. Il nous a laissé des vues de la Chartreuse de
Valbonne, de Sautadet, de Bagnols, de Villeneuve où
la fidélité des détails le dispute a l'harmonie de l'ensemble ; où la perspective, l'air, la lumière sont du plus
heureux effet, et tout-à-fait pour le plaisir des yeux,
dirait l'auteur du Télémaque. Nous avons d'autres
échantillons de ce talent remarquable dans l'*Album
pittoresque du Gard*, de Magalon, dont il fit les dessins.
C'était en 1842. Magalon se reposait, à Bagnols, de ses
égarements et de ses combats parisiens. Bien que
n'ayant pas entièrement dépouillé le vieil homme, l'au -
teur de l'*Album* de 1823 se laissait aller à l'amour pai-
sible de sa petite ville natale et au souvenir ému de la
foi de ses pères. — « Oui, s'écrie-t-il dans l'*Album du
Gard*, voilà bien la flèche aiguë du clocher qui sonna
mon baptême. » (1).

En ce temps-là Léon Alègre était admis dans la
Société française d'archéologie, et entrait en relations
directes et suivies avec M. de Caumont. D'autres diplô-
mes analogues allaient lui arriver, sans ajouter beaucoup, toutefois, à la prospérité du ménage auquel il
avait voué sa vie. L'industrie de notre teinturier venait
de subir une perturbation considérable soit par le fait
des évènements de 1848, soit que « la science eût tué
la routine », au dire d'Alègre, toujours porté à voir son
temps en beau et à glorifier les initiatives de l'esprit
humain. Quoi qu'il en soit, « filoselles et bourettes pri-

(1) Magalon était tout-à-fait revenu à la foi de ses parents. L'auteur
de ces lignes croit se rappeler l'avoir vu s'asseoir, à la grand'messe, au
banc-d'œuvre de l'église paroissiale livre en main.

rent, ajoute-t-il, une nouvelle direction », qui n'était pas pour conserver à son foyer l'antique aisance des temps que l'ami Magalon appelait « gothiques. » Alègre prit son parti. Il fit appel au dessin, où il était passé maître, et même à la peinture aux perspectives plus brillantes, mais plus incertaines. Il s'était essayé, non sans succès, dans la peinture à l'huile et à la cire. Aquarelle, gouache, miniature, pastel, crayon, estompe, fusain, etc., lui étaient connus. Hardiment il se condamna à redevenir élève, son cœur de fils, d'époux et de père élevant son courage. Il alla chez Baptiste Reboul, une célébrité avignonnaise, qui prit au sérieux le bagnolais. Votre cité romaine le tenta. Il vint travailler sous la direction de notre ancien et éminent confrère, Numa Boucoiran. C'est à ses relations que Léon Alègre dut cette tête, qui est tellement la sienne, avec sa virilité outrée, qu'on la prendrait moins pour un coup du pinceau délicat du peintre académicien, que pour une fantaisie de l'auteur puissant de la *Locuste*. Alègre connut là M. Doze.

A Paris, dont il eut ambitionné la consécration, selon le langage artistique de nos jours, il allait trouver les frères Flandrin qu'il avait connus à Bagnols, chez leur oncle, le docteur Ladroit. Hippolyte l'attirait surtout, moins par son talent supérieur que par son aménité. Que de courses ils avaient faites ensemble dans la vallée de la Cèze, avant que la gloire eût saisi le peintre de Saint-Paul de Nimes ; que de bonnes causettes avaient rapproché leurs âmes d'artistes chrétiens, tandis que le futur maître brossait le portrait de son oncle qui orne présentement un des salons bagnolais (1) ; mais qui, espérons-le, viendra quelque jour se placer dans notre musée, à côté du portrait du docteur Solimani,

____

(1) Le salon de M. Dupin, petit-neveu du docteur Ladroit.

par Sigalon, une de nos meilleures toiles ! Léon Alègre fut admis à travailler dans l'atelier des Flandrin. Il y copia quelques types des belles peintures de Saint-Germain-des-Prés, à côté même des illustres maîtres. Au Luxembourg, au Louvre, dans les églises, notre bagnolais brossait étude sur étude, s'approvisionnant de modèles précieux en vue des travaux dont il attendait quelque peu le pain de sa famille. Les collections de la bibliothèque nationale furent pour lui une mine inépuisable. C'est là qu'il découvrit les portraits des Uzéciens illustres et ceux des évêques d'Alais, d'Uzès et de Nimes Il fournit de ceux-ci à l'évêché des reproductions précises qui, pour sentir un peu l'improvisation, n'en ont pas moins leur prix. Mgr Plantier en gardait une vraie reconnaissance à l'auteur.

De retour à Bagnols, les espérances de Léon Alègre ne furent pas absolument trompées. Il reçut des commandes en assez grand nombre des personnages de la région. L'évêque de Viviers, celui de Nancy, originaire de Chusclan, lui demandèrent leurs portraits. Des églises furent décorées par lui, sinon avec la touche d'un maître ou le faire d'un décorateur de profession, du moins avec une entente véritable de la peinture murale et un certain talent de reproduction d'après les maîtres, surtout lorsque, comme à Générac, on se contentait de toiles marouflées qu'il avait travaillées à loisir dans son atelier. Ses personnages, faits pour être vus de loin, vous laissaient alors l'illusion d'Overbeck ou de Flandrin dont il s'inspirait volontiers.

Rentré à Bagnols, Alègre trouvait le temps de collaborer à certaines petites feuilles que la hardiesse de ses concitoyens lançait successivement dans le public : *L'Album du Gard* (1840); *L'Hirondelle* (1844); *Les petites affiches* (1851); j'ai parlé plus haut de *l'Album pittoresque*. Mais la peinture et l'amour des voyages le possedaient maintenant tout entier. *Italiam ! Italiam !*

Alègre pouvait-il ne pas aller demander des leçons et des inspirations à cette patrie des arts? Le touriste de 1835 reprend donc son sac et son bâton ; et, tantôt en patache ou à la merci d'un *vetturino*, tantôt à pied ; buvant de l'eau souvent, et se nourrissant, à l'occasion, de pain et de fromage, il va devant lui par Gênes, Pise, Civita-Vecchia, jusqu'à Rome ; admirant et copiant dans les musées et les galeries princières ; s'extasiant devant le marbre blanc de l'*Annunziata* de Gênes, la première belle église que lui offre l'Italie ; rêvant dans le *Campo santo* de Pise ; prenant des vues pittoresques ; flanant au bord de la mer, tourné vers la France, et répondant, par des couplets en langue romane, au murmure des flots qui semblent lui parler de son pays. Rome lui paraîtra bien belle, assise dans ses ruines païennes, couronnée de ses monuments chrétiens, riche de tous les trésors des beaux-arts ; mais ni ses palais féeriques, ni ses églises-musées, ni ses cérémonies grandioses, ni sa cour pontificale aux mille splendeurs, ne lui feront oublier le clocher de Bagnols, la *Capèlo deï Pénilen*, sa rue du Ruisseau et ses bien aimés habitants. Les cérémonies de la semaine sainte, qui attiraient alors des visiteurs du monde entier, ne parlent pas à son cœur ; il y trouve trop de curiosité et trop peu de foi de la part des assistants. Son Bagnols l'avait habitué à plus de tenue devant les Saints-Mystères. Mais le jour de Pâques, alors que le vrai peuple romain a envahi la basilique vaticane et la place Saint-Pierre, la foi de ses jeunes ans revit tout entière dans son cœur, au contact de celle de ces innombrables fidèles ; et il tombe à genoux sous la bénédiction *urbi et orbi.* Le soir venu il écrit à celle qui sera un jour son Anti-gone : « Je n'ai pas besoin de te dire, n'est-ce pas, que pendant la bénédiction, j'ai pensé à vous, à ta bonne mère, à vous tous, mes parents et mes amis. Vous m'êtes apparus tous à mes côtés ; et je n'ai pu retenir mes larmes... On est perdu dans la foule : on peut sans crainte pleurer et prier... » La veille de ce jour de si douces émotions, le Samedi-Saint, son regard de félibre avait cru voir les cloches du monde entier, tournoyant au-dessus de Rome, avant de s'en retourner de ce voyage légendaire de la semaine sainte, cher à nos petits enfants ; et aussitôt de composer une ode provençale :

O bon Diou ! coume n'ia ; bon Diou ! que de campano !

Son cœur a découvert bien vite les siennes, les cloches de Bagnols :

Es éli : li vaqui ; vénoun d'ou bord dé Cése !
Soun partido en cantan avans ier, dé matin.
Bonzournet, mi péiso. Asco ! coume sias bello.
D'oulivié courounado ! E ben ! quéto nouvello ?
Qué se faï per amoun ? Avès vis, ben ségur,
Ma féno, é ma chatouno, é ma maïré, é ma sur,
Moun païré, meis amis, moun chin, ma tourterello...

Il lui tardait tant de revoir tout cela, lui ! Chateaubriand parle quelque part du démon de son cœur : le démon du cœur de Léon Alègre ne fut autre que Bagnols, et tout ce que ce nom signifiait pour lui. Il retournait donc vite au foyer, dussent ses voyages n'avoir pas porté tous leurs fruits. Pas n'est besoin de dire qu'Alègre revint de Rome chargé de richesses artistiques, butinées dans les galeries princières ou cardinalices et dans les églises. Les élèves de la villa Médicis l'avaient très bien accueilli. M. U. de Saint-Auban, alors à Rome, l'avait aussi parfaitement reçu et fait admettre dans le meilleur monde (1).

Cependant la réputation artistique de notre confrère gagnait du terrain. En 1861, la ville d'Uzès l'envoie à Genève avec mission d'y reproduire l'image d'un de

---

(1) M. U. de Saint-Auban était sous-payeur de l'armée française d'occupation. Alègre fut très malade à Rome.

ses plus remarquables enfants, Firmin Abauzit. A cette occasion, il visita, en compagnie de trois touristes vauclusiens, la Savoie et la Suisse dont il crayonna les sites les plus renommés. Il avait encore ce pied alpestre et ce verbe haut, qui en faisaient l'explorateur le plus hardi et l'admirateur le plus bruyamment enthousiaste de la bande. Montpellier l'invite à se rendre à Dijon pour y copier une *Mère des douleurs*, de Philippe de Champagne, destinée à la chapelle du palais de justice. Le préfet de l'Hérault, M. Pietri, fut si content de ce travail qu'il en commanda une copie à notre artiste pour Sartène, sa ville natale. Voilà donc Léon Alègre encore parti, et pour la Corse, le pays de *Colomba* et de *Matteo Falcone*, dont il aimait à lire les plus belles pages à ses élèves, soit en classe, soit dans les promenades qu'il leur faisait faire par monts et par vaux. Alègre fut traité, en Corse, comme en pays de connaissance. Les sous-préfets donnèrent des punchs en son honneur, et l'évêque d'Ajaccio, dont il fut l'hôte pendant quelque temps, eut pour lui les attentions dont il eût entouré un marguillier de sa cathédrale.

Mais ces voyages, ces travaux divers ne distrayaient pas notre confrère de l'œuvre à laquelle il s'était voué depuis 1854, qui est son principal titre à l'estime et à la reconnaissance de ses concitoyens. Il ne s'agit de rien moins que de la fondation d'une bibliothèque-musée à Bagnols. Cette grosse entreprise avait été annoncée par Alègre dans les *Petites affiches* (1854). — C'est un idéologue ! s'écrièrent non sans raisons les bons bagnolais. Toutefois, grâce à l'intelligence, à l'énergie, à l'obstination de cet initiateur hardi et optimiste, et au concours des administrations municipales qui se succédèrent à Bagnols, la chimère, si chimère il y avait, finit par prendre corps. Tout le monde à Bagnols et dans les environs voulut s'associer à l'œuvre. Les premiers mille francs avaient été donnés par le général Teste. M. J. Thome suivit cet exemple dans les proportions que comportait sa grande fortune. MM. U. de Saint-Auban et de Rivarol, M. Félix Saurin, maire, se mirent de la partie, et un beau jour on annonça que la collection Alègre, des greniers de l'ancienne mairie où elle s'abritait, allait joyeusement s'installer dans la belle maison Madier convertie en Hôtel-de-Ville. Le grain de sénevé tendait à devenir un grand arbre, et dès 1876, Bagnols put se flatter d'avoir son musée, le premier en date et le plus considérable des musées scolaires et cantonaux. Il se compose de six belles salles, sises au second étage de la Mairie. L'histoire naturelle, l'agriculture, l'industrie, les médailles et les antiquités, les arts décoratifs, les tableaux ont leur salle distincte. La classification de certaines salles laisse à désirer ; mais on admire qu'un seul homme ait pu, dans une petite ville, rassembler, même en trente ans de sa vie, tant de richesses résultant de recherches personnelles, de dons ou d'échanges. C'est la grande rareté de cette collection qui renferme beaucoup de choses curieuses, instructives, et quelques œuvres d'art remarquables.

Bagnols avait, du même coup, sa bibliothèque, pour laquelle, comme pour le musée, Alègre s'était fait quémandeur et quêteur infatigable et charmant. Je le vois encore, en 1865, à Nimes, chez un chétif auteur de ma connaissance, se renforçant, pour obtenir un non moins chétif volume (1), de l'éloquence du docteur Malet qui ne disait rien ; mais qui, fidèle Achate, accompagnait le bibliomane, en attendant de loger, par testament, la bibliothèque dans sa maison, devenue propriété de la ville. Jusque-là la bibliothèque avait fait partie du musée. Elle se compose de cinq mille volu-

_____

(1) *L'Histoire de Fléchier.*

mes. Elle a de bons ouvrages, dont quelques-uns considérables ou curieux. Elle pourrait rendre de grands services à Bagnols. Son principal défaut, selon moi, est de manquer de lecteurs, comme toutes les bibliothèques en ce beau pays de France.

L'évêque de Nîmes, M⁰ʳ Plantier, approuvait hautement l'œuvre d'Alègre. « Ce n'est pas moi, lui écrivait-il, qui manquerais d'applaudir à la fondation d'une bibliothèque à Bagnols. Il est toujours entré dans l'esprit et les habitudes de l'Eglise de multiplier ces moyens d'instruction. » Des auteurs comme MM. Duruy et Legouvé s'empressaient d'envoyer leurs ouvrages à la bibliothèque de Bagnols avec des lettres charmantes pour le fondateur.

Bibliothèque et musée ne tardèrent pas à attirer l'attention. Personne ne vint à Bagnols, personne n'y vient aujourd'hui encore, sans visiter l'un et l'autre ; et les visiteurs les plus compétents trouvent l'établissement fort honorable pour une petite ville de province. C'est le témoignage que lui rendait récemment, devant moi, le conservateur du musée des *Antiques* du Louvre. A l'étranger même on s'occupa de la fondation et du fondateur. Dès 1880, la *Reale societa didascalia italiana*, de Rome, offre à Léon Alègre le titre de correspondant. En 1881, la *Revue universelle des sciences, lettres et industries*, de Voltri, le nomme membre collaborateur, et lui décerne la médaille de 1ʳᵉ classe. En 1882, le directeur de la *Croix Blanche*, de Livourne, lui envoie le diplôme d'honneur du grand prix Victor Emmanuel avec le titre académique de chevalier de la *Croix blanche*. La France n'avait pas voulu rester en arrière de ces témoignages. Dès 1869, Alègre avait été nommé officier d'Académie ; en 1882 on lui décernait les palmes d'officier de l'instruction publique. De son côté, le conseil municipal de Bagnols décidait que la bibliothèque-musée prendrait le nom de Léon Alègre, et que la croix de la Légion d'honneur serait demandée pour lui (1880). Enfin, le prix Wickam, fondé à Paris pour les musées cantonaux fut donné à celui de Bagnols. Il eut la grande médaille comme le plus ancien et le plus important. Dans la même séance Léon Alègre était proclamé l'initiateur des musées cantonaux (1882).

Mais la fortune ne marchant point, d'ordinaire, du même pas que la gloire, Alègre était condamné à un labeur incessant, et parfois fastidieux. Il peignait, peignait, peignait! Il entassait portrait sur portrait. Moins heureux, toutefois, que son ami et maître, Hippolyte Flandrin, il ne trouvait pas toujours ses modèles sous les lambris dorés. Aussi, toutes ses toiles n'ont-elles pas la même valeur. Quand les yeux étaient contents et que le cœur y était, Alègre se tirait honorablement d'un portrait. Il y mettait, tout au moins, la ressemblance : ce dont on ne lui savait pas toujours assez de gré. Sa palette manquait de légèreté. L'expression le fuyait parfois. Les délicatesses féminines lui échappaient. C'est pourquoi une partie du genre humain trop coutumière du fait, s'obstina à ne pas se reconnaître dans les crayons qu'il nous laissa d'elle. Alègre eût excellé dans les genres secondaires, s'il s'y était tenu. La nature morte : les fleurs, les fruits étaient de son domaine. Son pinceau se jouait avec grâce et coquetterie dans les décorations murales. Il y a, d'Alègre, au château de Paniscoule, à Bagnols, des dessus de porte, des plafonds d'une délicatesse, d'une fraîcheur, d'une harmonie ravissantes. Le propriétaire, M. J. Thome, qui a fait une très grande fortune dans la construction et la transformation des beaux quartiers de Paris, connaissant le talent et l'activité de Léon Alègre, l'avait engagé à venir s'y fixer, pressentant pour lui des succès avantageux dans la peinture décorative. Le conseil ne fut pas suivi par crainte de ne plus voir son clocher ! C'est ce qui perdit toujours

Alègre, si ce ne fut ce qui l'honora davantage. Ce provincial, ce villageois obstiné n'a pas donné sa mesure, pour avoir voulu rester fidèle à sa famille et à son pays. Au temps qui court c'est une originalité qui ne laisse pas d'avoir son prix.

Nous venons de voir, chez Alègre, le peintre et le collectionneur ; disons un mot de l'archéologue, de l'historien et même du poète.

En 1862, votre société, Messieurs, mettait au concours : *Les monuments celtiques du Gard*. Les savants n'en connaissaient que quelques-uns dans les Cévennes. Alègre entreprit une série d'excursions sur tous les points du département, et il en rapporta un bel album avec mémoire sur les dolmens, les menhirs, les tumuli, et les pierres branlantes de toute la région. L'œuvre fut couronnée et Alègre proclamé membre non-résidant de l'Académie. Il fut aussi le collaborateur d'un groupe de savants qui avaient pris, à Paris, le titre de *Commission de la topographie des Gaules. Le dictionnaire archéologique de la Gaule* a plusieurs articles signés de son nom. Enfin, en 1865, l'Académie du Gard le désignait pour la représenter à la Sorbonne, avec mission d'y lire un remarquable mémoire de lui sur le *Camp de César*, de Laudun, où César ne campa jamais.

L'amour de son pays et du bien public lui inspira encore de se faire historien. De là deux volumes de *Notices biographiques* sur les hommes qui ont laissé un nom et un exemple dans le canton de Bagnols. La liste en est plus longue qu'on ne le croirait. Les Bridaine, les Rivarol, les Teste, les Gensoul, les Magalon mènent le chœur, qui ne manque ni de grâce, ni d'harmonie (1881). Il y a là de patientes recherches, de la critique, de l'esprit. La poésie s'y mêle à l'histoire. Les méticuleux pourraient y reprendre quelques brins de partialité ; quelques préjugés à la Rousseau ; quelques

fausses notes politiques. Alègre, comme la plupart de
ses compatriotes, était flottant en politique. Où il me
paraît cependant n'avoir pas varié, c'est dans son amour
d'une sage liberté. Il a prouvé qu'il la voulait pour tous,
surtout en matière d'enseignement. Les *Notices* furent
bien accueillies. La société parisienne *d'encouragement
au bien* décerna une médaille d'or à leur auteur.

Alègre aurait voulu publier aussi d'autres travaux
historiques : *Bagnols en* 1787 (1); *La baronnie de Bagnols ; Les annales de Bagnols de* 1788 *à* 1805. — Le
premier de ces ouvrages est, comme plan, une imita-
tion du *jeune Anacharsis.* C'est le Bagnols de 1787 à
vol d'oiseau : ses principaux habitants, dont beaucoup
de familles nobles aujourd'hui éteintes ; ses monuments;
ses couvents ; ses usages ; ses jeux d'enfants ; sa langue
patoise elle-même. Alègre y fait preuve de connais-
sances très-variées. Le style manque de précision et de
relief, mais non pas toujours d'agrément. Notre confrère écrivait comme il parlait. On sait les défauts de
cette méthode. Il avait encore, en portefeuille, des
contes, des fables ou moralités, des pièces de vers
patois, de tous les genres, depuis le couplet jusqu'au
poème. Il aurait voulu les publier, surtout son petit
poème intitulé *Garidet.* Alègre aimait félibrige et féli-
bres. Il avait mis dans son musée une tête d'Aubanel,
et assigné au portrait de Mistral une place d'honneur
parmi nos illustrations régionales. Il parlait du grand
poète provençal avec amour, et il se plaisait à raconter
l'hospitalité homérique que le chantre de *Miréio* et de
Nerto lui avait donnée en sa patriarcale maison de
Maillane. Mais ce qui vivait surtout dans son âme,
c'était le château des Clapiers, érigé en cour d'amour

(1) Cet ouvrage est sous presse.

en 1862, où son *Lutin de Bagnoou* avait été couronné de laurier :

Un jour i'agué d'infan que faguéroun mihéro.
Eroun sept . , . , . • . . . .

L'Armana prouvençau eut souvent des articles de Léon Alègre.

Il faudrait parler aussi des œuvres de bienfaisance où se complut ce philanthrope, et dans lesquelles il se fit remarquer. Disons seulement qu'il fut le dévouement personnifié. Membre de la commission des hospices et, pendant la guerre, de la *Société de secours aux blessés*, dont il reçut la croix rouge, il déploya un zèle au-dessus de tout éloge. Il n'y eut pas jusqu'aux animaux dont Alègre ne voulut être le protecteur. Je l'ai vu entrer dans des colères tragi-comiques contre les contempteurs trop nombreux de la loi Grammont, qui passaient sous ses fenêtres. Il se faisait gloire d'être de la *Société protectrice des animaux ;* et l'une des médailles auxquelles il tenait le plus était une médaille à lui accordée par la dite société (1879).

La récompense qui devait clore cette série de distinctions, dont une si longue et si honorable carrière avait été gratifiée, c'était la croix de la Légion d'honneur, demandée pour le fondateur du musée par le Conseil municipal de sa ville natale. Elle arriva enfin le 14 juillet 1883. Elle fut saluée, à Bagnols, par d'unanimes applaudissements. Du dehors, des félicitations nombreuses vinrent ajouter à la joie naïve du bon M. Alègre. Un peu de mélancolie se mêlait cependant à la satisfaction commune : cette récompense méritée, mais tardive, ne disait-elle pas que l'heure du recueillement était venue pour le vaillant des luttes intellectuelles, qu'il lui faudrait bientôt dire adieu à ses chères études ? Et déjà la palette n'avait-elle pas dû être déposée, et les pinceaux condamnés au repos !

Dès 1875, Alègre avait éprouvé les premières atteintes du mal qui devait l'emporter. Son courage n'en fut pas ébranlé. Il mit, au contraire, une activité fébrile à achever son œuvre : cette bibliothèque-musée qui était sa vie depuis vingt ans, et qui, malgré les lacunes ou les défauts qu'il lui reconnaissait lui-même, allait rendre son nom impérissable, dans ce cher pays, du moins, auquel il avait consacré généreusement les dons si riches et si variés qu'il avait reçus du ciel (1). Non qu'il n'eût ses heures de tristesse. La pensée de la mort, sans l'abattre, agitait son âme et l'élevait, lui inspirant même des pages éloquentes qui devaient faire répandre plus d'une larme à celle qui, d'une main filiale et pieuse, dépouillerait les papiers où s'était épanché le cœur d'un père si tendrement aimé ! Alègre a été pris là sur le fait de ses sentiments chrétiens et de ses amitiés aussi sincères que nombreuses. Ce sont des adieux anticipés à tous ceux qui lui furent chers à divers titres, adieux mêlés de conseils, de recommandations, de prières. « Craignez Dieu, dit-il à ses anciens élèves ; soyez soumis aux grandes lois de l'Eglise... Elevez vos enfants chrétiennement. » — « Recevez les adieux d'un ami, dit-il à ses concitoyens en général... Je m'éloigne du berceau qui m'a vu naître, poussé par la fatale mort ; mais il me semble que mon âme restera au milieu de mes parents, de mes amis... Adieu à la ville de Bagnols ; Adieu au sanctuaire où j'ai reçu le baptême et où je me suis uni à ma chère Rosine... Adieu à ma bibliothèque musée. »

Le Musée ! Léon Alègre avait fini par n'avoir pas

____

(1) L. Alègre aurait bien voulu voir son œuvre déclarée d'utilité publique. Espérons que les démarches qu'il avait faites dans ce sens, et qui sont continuées par l'administration actuelle du musée, finiront par aboutir.

d'autre pensée, d'autre entretien. Non content de lui léguer toutes ses collections personnelles, il quêtait sans cesse pour lui. Vers 1884, cette passion touchante était même devenue une sorte de monomanie plus touchante encore qui, peu à peu, devait, hélas ! ébranler tout son être et lui faire payer bien cher ses excès de travail. Dieu le prit en pitié et daigna trancher le fil d'une existence devenue un martyre pour notre confrère, un tourment pour la tendresse dévouée des siens, une tristesse pour l'affection reconnaissante de ses concitoyens. Le 27 novembre 1884, Léon Alègre, après une pénible agonie, avait rendu son âme à Dieu. Ce fut un deuil pour Bagnols ; et l'administration municipale, se faisant l'interprète du sentiment public, décida, sur la proposition de M. Ribière, maire, que les funérailles auraient lieu aux frais de la ville. Le tout Bagnols y fut représenté.

Le savant conservateur honoraire du musée épigraphique de Lyon, M. Allmer, était venu visiter le musée de Bagnols et son fondateur. Retourné à Lyon, il écrivit à Léon Alègre une lettre charmante et ingénieuse où l'œuvre de notre bagnolais et notre bagnolais lui-même étaient glorifiés ! L'aimable savant, devenu un instant poète par un sentiment de reconnaissance et d'admiration, feint de voir dans l'avenir la mémoire de l'artiste et de l'érudit entourée des hommages de ses concitoyens. C'est une pierre *écrite*, dit-il, qu'il a trouvée à Bagnols chez une vieille femme tout à fait semblable à une fée antique. « Le monument est un beau piédestal en marbre de Paros ; et l'on remarque à la face supérieure un trou de scellement qui indique qu'il a été fait pour une statue en marbre ou en bronze... L'inscription, ajoute M. Allmer, vous la comprendrez facilement, sauf les noms du personnage difficiles à déchiffrer.... Sur une des faces une couronne de feuilles de chêne en relief. Sur la face opposée un rameau de laurier. Je juge par là que le personnage bagnolais avait bien mérité de sa patrie comme... artiste. »

Cher Monsieur Alègre, j'ignore si vos concitoyens réaliseront un jour le rêve de votre spirituel et savant ami ; mais je sais que votre mémoire vivra dans leur cœur : et cela vaudra mieux peut-être que le marbre ou le bronze, un peu prodigués aujourd'hui. Pour moi, que vous avez bien voulu mettre au nombre de ceux auxquels vous laissâtes des adieux écrits, non seulement je ne vous oublierai pas ; mais je me souviendrai de vous, pour contribuer, quelque temps encore, à vous faire revivre à Bagnols, en m'efforçant d'y entretenir, pour une petite part, de la voix et de la plume, la flamme intellectuelle que vous y fites briller ; et dont les reflets, trop pâles sans doute, viennent, dans ces quelques lignes, de se projeter sur l'Académie de Nimes en laquelle nous fûmes frères (1), et qui voudra garder, elle aussi, votre souvenir.

(1) Nous fûmes encore, l'un et l'autre, du *Comité de l'art chrétien*, fondé à Nimes par Mgr Besson,